長野義言『鴬蛙日記』の執筆意義

浦野綾子

はじめに

長野義言の著作の一つである『鴬蛙日記』は、弘化三年三月および七月の二度にわたり、義言が京都を訪れた際の出来事を記した日記である。(1) 本書には、義言が京都へ行くまでの道中に見たもの、訪れた地の地名考証、そして、京都および各地の文化人との交流が記されている。

義言には『長月日並乃記』という紀行文がある。こちらも『鴬蛙日記』と同様に、京都を訪れた際の出来事を記したものである。(2)『長月日並乃記』は、弘化四年に行われた孝明天皇の即位礼を拝観した際の様子や、即位礼の調度品類の詳述、歌会に参加し京都の文化人と交流した様子が記されている。

両本はいずれも、当時の京都の様子や儀式について知ることのできる記録であるとともに、義言の足跡や交流を知る上でも貴重な資料である。しかしながら、両本とも、これまで十分な検討はなされてこなかった。

そこで本稿では、『鴬蛙日記』がどのような著作なのかを明らかにし、その内容や義言が交流した人物について概観したい。また、『鴬蛙日記』と『長月日並乃記』との比較を通して、両本の位置づけを明らかにし、義言が日記を書き残した理由の一端を考察する。

一、『鴬蛙日記』概要

本稿で扱う義言の『鴬蛙日記』は、義言の支援者である堀内広城が所蔵していた義言著作のうちの一冊である。[3]堀内家旧蔵資料であり、現在は皇學館大学附属図書館が「五葉蔭文庫」のうちの一冊として所蔵している。[4]なお、本書は写本であるが、その筆跡や本書貼付の記載内容から、義言の自筆ではないと考えられる。また、義言の門人である中村長平によれば、『鴬蛙日記』は行方知れずとなっている。[5]

以下、本書の書誌情報を記す。

『鴬蛙日記』長野義言／二七・〇×一九・一糎

【首題】弥生乃日記／長野義言記
初穐乃日記／

【外題】鴬蛙日記

【行数】十行

【装幀】袋綴

【表紙】標色

【印】五葉蔭蔵書印、堀内文庫

【備考】最終丁に堀内広城筆による貼付有

#「古典と歴史」の会　会規

一、本会は、「古典と歴史」の会と称し、古典の研究、古典を通じての歴史研究を目的とする。
二、会の事業として、『古典と歴史』の発行及び講演会・研究例会その他を行う。
三、本会は、会の趣旨に賛同する正会員と学生会員とにより組織される。
四、投稿は会員に限る。ただし、会員の推薦がある場合はこの限りではない。
五、投稿された原稿の採否は、審査委員の査読を経て、編輯委員会で最終的に決定する。
六、投稿された原稿は、適宜、論文・研究ノート・史料紹介・学界動向・書評・新刊紹介などに分類・排列して掲載する。枚数制限はとくに設けないが、長文にわたるものについては、紙面の都合で複数回に分載する場合がある。
七、原稿は、『古典と歴史』編輯委員会において最低限の統一を施すが、章節の分けかた、注のスタイルはおおむね執筆者の判断に委ねる。なお、掲載を前提として、編輯委員会が執筆者に対し、部分的な修正をもとめることがある。
八、原稿は電子媒体の形式で提出することが望ましいが、手書き原稿も受理する。
九、執筆者には掲載誌一〇部を進呈するが、経費の関係で抜刷は製作しない。
十、掲載原稿については、掲載後一年間は他誌や自著への転載は見合わせていただく。
十一、本誌は不定期刊行ゆえ、原稿の締め切りはとくに設けず、原稿が整い次第、次号の編輯にかかる。

古典と歴史

12

「古典と歴史」の会

燃焼社

『鶯蛙日記』は外題であり、本書には「弥生乃日記」「初穐乃日記」という二つの首題がある。なぜ二つの首題があるかについては、『鶯蛙日記』最終丁に貼付されている、堀内広城の筆による紙片にて推察される。

此日記は、長野義言主、弘化の三とせといふ年の弥生の朔日に、近江の国坂田郡なる志賀谷の里を出たち給ひて、都にこたびのかしこき事ををがみにまうで、同じ月の十二日に宿に上り給へりし時の事どもをしるし、又同じ年の秋七月二十一日の宿に立いで、都に物して八月二十二日に宿にかへられける時の事ども書つくるされたるなりけり。そを同じく四とせの卯月に人して写させて書ひかめたる。聞〳〵参もて書直しなどして五月二十日あまり二日の日校合しをへぬ。かくて

かねてさへおどろきにたる大御ゆき、今はたこゝに見ゆるかしこさ、堀内広城

花もみぢいづれ都のにしきとはかきさらひたる色にしられて

この広城筆の貼付により、本書は弘化三年の三月（弥生）と七月の二度にかけて、義言が上京した際の出来事を記した日記であることが分かる。上京時期の異なる二度の日記であるために、一つずつに首題が付いているというわけである。

本書に記される一度目の上京は、弘化三年三月「都にこたびのかしこき事」があるための旅であった。「こたびのかしこき事」とは、仁孝天皇の御葬送のことである。弘化三年一月二十六日に没した仁孝天皇は、三月四日に泉涌寺に葬られた(6)。本書の三月四日条には、泉涌寺へ向かう御葬送の様子を義言が拝観したことが記されている。記載内容については第二節にて詳述するが、広城の貼付、そして、仁孝天皇の御葬送を拝観した内容であることから、本書の一つ目の主題である「弥生乃日記」は、弘化三年三月に上京した際の日記であることに間違いないだろう。

では、二度目の上京として記されている、もう一つの主題「初穐乃日記」とは何であろうか。「初穐」は秋を指

していること、そして、広城の貼付にある「又同じ年の秋七月二十一日の宿に立いで、都に物して」という内容から、弘化三年七月の出来事を記したものであることが分かる。また、「初穐乃日記」には、光格天皇の皇后である欣子内親王の御葬送を拝観した際のことが記されている。(7) 欣子内親王は弘化三年六月二十日没、七月二十三日に葬儀が行われ、泉涌寺に葬られた。(8) このことより、「初穐乃日記」は、弘化三年七月に、欣子内親王の御葬送を拝観することを目的として義言が上京した際の日記であることが判明するのである。(9)

以上、本書の内容と、広城の貼付から、『鴬蛙日記』は弘化三年三月および七月に義言が上京した際の出来事を記した日記であり、かつ、二つの日記を一冊にまとめた写本であることが判明した。

では次に、『鴬蛙日記』の成立について見ていきたい。本書の成立年月の特定も、広城の貼付から推察することができる。貼付の該当箇所を再び示す。

そを同じく四とせの卯月に人して写させて書ひかめたる。聞〳〵参もて書直しなどして五月二十日あまり二日の日校合しをへぬ。

弘化四年四月に、広城が本書を人に写させていること、その写しの校合が五月に終わったことが分かる。この内容からは、広城が写させた本、つまるところ「五葉蔭文庫」所蔵の本書が写本であることと、本書が義言の原本もしくはそれに近い本からの写しであることを物語っている。本書が弘化四年四月に写され始めたことを考えると、義言の書いた原本は、弘化四年四月までに出来ていたこととなる。

また、『鴬蛙日記』が成立した正確な執筆時期は、義言の書簡『長野義言尺牘』からも判明する。(10)

書簡A．年不明十月十六日付　堀内広城宛長野義言書簡

春秋、二たびの都の日記も、上下二巻ニなり侍れば、鴬蛙日記とつけて、今、清書も大かたなり侍りぬ。是を

だにとく奉りぬべし。

書簡B．年不明十一月二日付　堀内広城宛長野義言書簡

篶蛙日記、春秋両度の京行の日記也。是もとく奉らんと思ひ給ふるを、江戸より日記もあらんをとくミまほしとの給ハせたりとて、彦根よりきびしういひおこせ侍れバ、このほど尚之ニうつさせて居侍りぬ。それすミなばとく奉らん。

書簡C．弘化四年三月十七日付　堀内広城宛長野義言書簡

篶蛙日記も今ハ彦根ニありて、いまだかへらぬよしなれバ、いづれ新次郎かへりの便りニハ奉らん。

書簡Aには、義言の二度にわたる上京の日記が『篶蛙日記』という名称であること、その清書が出来たため、広城のもとへ送ろうとしていることが記されている。また、書簡Bにも、春秋の上京日記である『篶蛙日記』を、義言の門人である三浦尚之が写していることが判明する。(11)なお、この尚之が写した本は書簡Bが記す通り彦根に送られたものと推察され、広城が所有した写本ではないだろう。前述のとおり、広城の貼付によれば「五葉蔭文庫」所蔵の本書は、弘化四年四月に人に写させたとあり、尚之が写した本である可能性は極めて低い。ただし、書簡AおよびBの内容から、「五葉蔭文庫」所蔵の本書は、義言の原本、もしくは、それに近い写本を借りて写されたものだと言えよう。

また、書簡AおよびBには、差出年は記されていないが、『篶蛙日記』について記載されている内容を鑑みると、書簡Cよりも前にしたためられた書簡であることは間違いないであろう。よって、年不明である書簡AおよびBは弘化三年に書かれたものであり、書簡Aの内容から、弘化三年十月十六日には、『篶蛙日記』の下書きは既に完成していたと推察される。さらに、書簡Aの時点で、本書の名称が『篶蛙日記』と付けられており、上下巻であるこ

とも判明する。つまりは、清書の段階で「弥生乃日記」「初穐乃日記」という上下巻になることは決まっており、これら二つの内容を収めた一冊を『鶯蛙日記』と名付けていたことが分かるのである。

このようにして執筆された『鶯蛙日記』は、堀内広城だけではなく、江戸にいる井伊直弼や、彦根の義言門人たちも読んでいたことは、書簡AおよびBの内容からも明らかであろう。義言の日記は、門人や周辺の人々に読まれることを前提に執筆されたものといえよう。

二、『長月日並乃記』との比較　拝観の記載

序節で示したとおり、義言がその生涯に執筆した日記は『鶯蛙日記』だけではない。弘化四年には、上京した際の出来事をまとめた『長月日並乃記』という紀行文を執筆している。[12]『長月日並乃記』は、江戸の井伊直弼、彦根の義言門人たち、そして、伊勢国の広城のもとへ送られており、彼らが読んでいたことが分かっている。『鶯蛙日記』と『長月日並乃記』は、両本とも上京の出来事を記した日記であり、京都における義言と文化人との交流の様子を記していること、執筆後に各本を配付した人たちも似ているなど、共通点が多い。そこで本節では、『鶯蛙日記』と『長月日並乃記』を比較し、両本における共通点や相違点を見ていきたい。

まずは『長月日並乃記』の概略を記す。『長月日並乃記』は三巻本とみられ、「五葉蔭文庫」では上巻を欠くが、中巻と下巻を所蔵している。[13]内容は、弘化四年九月二十三日に行われた孝明天皇の即位礼を拝観した際の出来事を記しており、中巻は義言が見た孝明天皇即位礼の様子、即位礼で使用された調度品を拝観した際の覚書が収録されている。下巻は、即位礼拝観の後に義言が京都の文化人たちと交流した様子を収録しており、参加した歌会や詠ま

れた歌が記されている。

『鴬蛙日記』と『長月日並乃記』の内容を比較してみると、①皇族儀式の拝観、②文化人との交流、という二点が共通している。

まず、①皇族儀式の拝観から比較していく。『鴬蛙日記』に記される皇族儀式とは、「弥生乃日記」の仁孝天皇の御葬送を拝観した内容、そして、「初穐乃日記」にある欣子内親王の御葬送を拝観した内容の二つが該当する。まずは「弥生乃日記」の該当箇所から見ていこう。

> 泉涌寺なる悲田院ハけふの御導師にて夕さりつかた輿のミかへりつ。よそほひきよらかにいミじくものしたり。次に町奉行先かけて与力同心各別両道次に下雑色同ニニ別高提灯燈いミじう立よそほひ。寺より行ハ本ノ町寺行伊奈遠江寺おひつぎて誰来の固めいミじうおごそかに家々にハ燈火を禁。此に火もたかずいつも。宿ながらかれいひのさまなりしうへニ今宵ハ実に諒園のさま也。今ハ道きよむるもおぼつかなげにて左に右にかけ並たる焼燈のミ家内ハくらくをがみの人々ハ家にも軒にも居あまりて立まどふもミゆ。酉の時より幸行といへバいとかしこくかなしう思へど。さすがに又いつしかとながめらる打つゞきて目附方改付高提左右はなかに見え（略）はるかに大御車のおとなひいとかなしう聞えくるハこの世の心ちならず。かゝるほどに成ぬれバ松明のはかなく過るもいふかひなし童子左右見えたる時ハ　大御車のおとなひもやゝちかくなり。立まどふ心のやミにかきくれてかずならぬしづが袖さへ涙にくちぬばかりなり。

第一節でも述べたとおり、こちらは弘化三年三月四日に仁孝天皇が泉涌寺へ葬られるときの御葬送を拝観した際の様子を記している。次に、「初穐乃日記」の該当箇所である、欣子内親王を載せた御車が泉涌寺に向かう様子を見てみよう。

二十三日

けふも日よし暁がたより宿を立て矢橋の船にのりわたりたるに。追風よう吹て五つ時に大津につきぬ。しばしやすらひても心おちゐねば。いそぎ行まゝに四ツ時半過る頃、京につきて。こたびは粟田なる植髪御堂本明院の宿に惣会所とてあるをやどりと定メて七ツ時より堺町御門に出てをがみつ。よそほひ大かた春と同じければこゝにはしるさず

どちらの記載も、御葬送を拝観した時の様子を記していること、特に「弥生乃日記」では、義言が実際に見た御葬送行列の詳細を記していることが分かる。

『長月日並乃記』は、孝明天皇の即位礼を拝観した義言自身の心情を綴り、また、儀式の様子や調度品について、実際に見たものだけでなく、後に調べたものを加えて執筆されている。さらに、一般庶民が拝観した場所や様子、拝観時の服装なども記されており、庶民から見た即位礼を伝える貴重な資料である。一方の『鴬蛙日記』でも、御葬送の行列の様子や、義言の心情を読み取ることができ、その描写は『長月日並乃記』とよく似ていると言えよう。だが、『長月日並乃記』が孝明天皇即位礼という喜ばしい儀式を記したのに対し、『鴬蛙日記』は天皇および欣子内親王の御葬送の様子を描写したものである。それゆえ、儀式内容を載せるのは憚られたのだろうか。もちろん、拝観した時間や儀式内容の違いも関係しているだろう。こうした配慮を取り入れても、本書には行列の詳細は記載されているとはいえ、『長月日並乃記』と比較すると、描写の分量は少ないと言わざるを得ない。ただし、儀式描写が少ないとはいえ、『鴬蛙日記』が皇族儀式の詳細を伝えるために書かれた日記であることに違いはない。第一節の書簡Bにもあるように、本書は広城以外の人物にも読まれていた日記である。義言が『鴬蛙日記』を通して読者に伝えたかったものの一つに、皇族儀式が入っていたことは想像に難くないだろう。よって、内容が似ている両本

の共通点①皇族儀式の拝観を比較した結果としては、『鴬蛙日記』は、『長月日並乃記』と同様に皇族儀式を伝える目的で執筆されたものと言えるであろう。

三、『長月日並乃記』との比較　文化人との交流

では、もう一つの共通点②文化人との交流について見ていきたい。『長月日並乃記』には、義言が京都の文化人や旧知の人々とともに、即位礼儀式や御所を拝観した様子や、京都各所を訪問したこと、参加した歌会や詠んだ歌について描かれている。これと同様のことは『鴬蛙日記』にも記されている。

「弥生乃日記」には、京都へ行くまでの道中の様子と、門人たちと詠んだ歌が記されている。「弥生乃日記」に記されている人物は、明石有叙、一井倭文子、高畠式部、千種有功、岩佐由衛など、十五人である。もう一つの「初穐乃日記」に記されている人物は、千種有功、千種有文、進藤加賀守千尋、高畠式部、多喜子、一井倭文子など、三十二人である。

このうち、特に注目されるのが、千種有功と高畠式部であろう。両人とも「弥生乃日記」「初穐乃日記」の両方に名が挙がっている人物である。千種有功、高畠式部は、義言とは旧知の間柄であり、義言の書簡『尺牘』にも、たびたび名前が出てくる。千種有功は歌人・能書家であり、高畠式部は有功の書跡を他の文化人に渡す仲介役を担っていた。義言が有功の書を手に入れるため、式部に依頼したこともある。(14)

さて、「弥生乃日記」三月四日条に、高畠式部の名が記されている。式部は、孝明天皇即位礼の際も義言とともに儀式を拝観していることが『長月日並乃記』に記されている。(15)仁孝天皇および欣子内親王の御葬送行列も、義言

は式部とともに拝観したのだろうか。確かなことは『鴬蛙日記』には記されていない。だが、先述したとおり「弥生乃日記」三月四日条には、当日の朝、式部のもとを訪れたことが記されている。おそらく、御葬送の儀式も、ともに拝観したと推定してよいだろう。

「初穐乃日記」では、御葬送の拝観時に同道した人物の名は記されていない。その後、二十六日に進藤加賀守のところで談話、二十七日には千種有功のもとを訪れている。義言は京都を訪れた際には、たびたび千種のもとを訪問しており、ともに歌を詠んでいる。また、進藤加賀守も、千種有功や高畠式部と同様に、義言とは旧知の間柄である。進藤加賀守千尋は、義言の著作『歌の大意』を関白・鷹司政通に献上するのに一役かった人物である。進藤の名はやはり『長月日並乃記』にも登場している。

以上のことから、共通点②文化人との交流は、『鴬蛙日記』にも記載されており、『長月日並乃記』と同じであると言えるだろう。共通する人物が両本ともに登場することからも、義言は上京すると旧知の人物を訪問したり、彼らが開いた歌会に参加していたことが判明するのである。

四、『鴬蛙日記』の執筆意義

『長月日並乃記』との共通点が多い『鴬蛙日記』だが、本書には義言による地名・氏名考証に関する記載があることが相違点として挙げられる。上京する途中で見た寺が息長氏のなごりであると聞き、その周辺を巡ったことが「弥生乃日記」に記されている。そこには「息長寺」や「坂田」「息長宿禰王」といった名称が挙がっている。その由来を記しつつ義言は自身の著作に触れており、なほこの事の委しくハ坂田旧地考に書べければ、今ハミながらもらせるを、かの考ハ後代見あきらめむ人あらバ国史の中の一助ともなるべきなむ。

と、自身の著作「坂田旧地考」が、後代の役に立つことを願っている一文がある。坂田の地名考証のことは、『尺牘』にも登場する。

書簡D．弘化三年九月十二日付　堀内広城宛長野義言書簡

こたび、坂田旧地の考の事、又、息長の所、あなの郷、いよ〳〵正しき事ニ考へ定め侍りつ。いづれほどなく聞え奉るべし。しかして、長沢御坊ハもと息長寺ニて、かの姓氏録、坂田宿祢の出家入道、法名信正と云しが建立にて、何事も明らかになり侍りぬ。かの寺ニ、南都大安寺なる三綱牒記といふ書をうつせるが侍りて、いと〳〵めでたく見侍りぬ。やがて聞え奉るべし。

この書簡は弘化三年九月十二日付であり、義言が『鴬蛙日記』を書いたと推定される時期と重なる。おそらく、弘化三年の二度の上京で確認した内容を踏まえつつ「坂田旧地考」を執筆しており、同時期に『鴬蛙日記』をも執筆したために、「弥生乃日記」の中に「坂田旧地考」のことが記されたと推察される。しかし、残念ながら「坂田旧地考」は現存不明であり、『鴬蛙日記』や『尺牘』からはその詳細を知ることは難しい。

さて、こうした内容を収録した『鴬蛙日記』は、なぜ執筆されたのであろうか。第一節の書簡Bにもあるとおり、本書は堀内広城や、江戸の井伊直弼、義言周辺の人々に読まれていたと考えられる。ここから導き出されるのは、本書が「読まれる」ことを想定して執筆された可能性が高いということであろう。つまり、単なる個人的な日記としてではなく、御葬送という皇族儀式の様子を伝えるための記録として本書は執筆されたのである。弘化四年九月に行われた孝明天皇即位礼を記した『長月日並乃記』は、本書に続く皇室儀式の一つの記録として、本書と同じよ

うに執筆されたと考えることが出来よう。また、『鴬蛙日記』には、前述のとおり地名・氏名考証が入っている。おそらくは、『長月日並乃記』の上京時期よりも一年早い上京であったために、京への道中で見たものは、本書に書き残したのではないだろうか。[16] このように、『鴬蛙日記』は、義言の地名考証とともに、皇族儀式を伝える目的で執筆されたと考えられるのである。

おわりに

『鴬蛙日記』は、義言が訪れた地の考証に加え、仁孝天皇、欣子内親王の御葬送の様子を伝える、皇族儀式を伝える目的で書かれた日記であった。この後に執筆される『長月日並乃記』との共通点も多く、また、京都における義言の交流を裏付ける貴重な資料であるといえよう。京都における義言の交流については、いまだ解明されていない点が多い。数種ある義言の日記から、彼の交流関係を洗い出すことは、義言の文化的ネットワークを解明するうえでも、また、義言の暗躍を考察する政治思想史研究の面からも、重要なことではないだろうか。さらには、皇族儀式についても、本書の収録内容は、庶民から見た儀式という点で貴重な記録であると言えるだろう。『鴬蛙日記』は、多方面の研究からアプローチすることができる、貴重な資料と位置づけることができるのではないだろうか。

【注】

（1）長野義言（文化十二年〈一八一五〉～文久二年〈一八六二〉）江戸時代後期の国学者。井伊直弼の側近であり安政の大獄に関わった人物として知られる。著書に『玉の緒末分櫛』『歌の大意』『活語初の栞』『長月日並乃記』などがある。

(2)『長月日並乃記』とは、孝明天皇即位礼を拝観した際の義言の日記（紀行文）。弘化四年成立。皇學館大学附属図書館蔵。詳細は拙稿「長野義言が見た即位礼－義言『長月日並乃記』からみる即位礼拝観と文化人との交流について－」（『皇學館大学紀要』第六十一輯、二〇二三年）、および本稿第二節参照。

(3)『鴬蛙日記』は皇學館大学附属図書館所蔵本のほか、京都女子大学図書館の所蔵を確認している。なお、京都都女子大学図書館所蔵本は、近代以降に写されたものと見られる。

(4) 堀内家旧蔵資料は、二〇一四年、皇學館大学附属図書館に「五葉蔭文庫」として寄贈された。なお、本稿における『鴬蛙日記』の翻字は稿者による。

(5) 中村長平の「長野先生著述目録」によれば、『長月日並乃記』は「如何成しか分り難し」と記されており、当時は所在不明であったとみられる。田中千和氏『阿利能麻々：長野義言と門人中村長平』（中村長平五十年追悼記念会、一九五二年）参照。

(6)『孝明天皇実録』第一巻、天皇皇族実録一三四（ゆまに書房、二〇〇六年、六四頁）弘化三年三月四日条に「是夜、仁孝天皇ヲ泉涌寺ニ葬ル」とある。

(7) 該当の翻字は第二節に記載。

(8)『光格天皇実録』第五巻、天皇皇族実録一三〇（ゆまに書房、二〇〇六年、二四七〇頁）皇后欣子内親王条に「(七月)二十三日、泉涌寺ニ葬ル、是日、遺令奏アリ」とある。

(9)『長野家譜略』（東京大学史料編纂所所蔵）によると、「三月朔日　立上京四日仁孝天皇之御葬式拝見之為明石有叙同伴」「七月二十一日　立上京同二十三日女院御所御葬式拝見之為也」とあり、義言が実際に御葬送を拝観するために上京していることが分かる。

(10)『長野義言尺牘』とは、長野義言が堀内広城およびその家族に宛てた書簡の総称。全十巻。皇學館大学附属図書館蔵。詳細は拙稿「皇學館大学附属図書館蔵「長野義言尺牘」の基礎的検討」（『皇學館論叢』第五十巻第六号、二〇一七年）参照。なお、本稿における翻字・濁点・句読点等は稿者による。

(11) 三浦尚之は、彦根藩士で長野義言の門人。五葉藤文庫の会「堀内家蔵「長野義言尺牘」一」注記(『皇學館論叢』第三十八巻第一号、二〇〇五年)には次のようにある。

三浦多仲　三浦尚之、近江坂田郡市場村の人。享和三年(一八〇三)生、明治七年(一八七四)没、享年七十二。医師。初め太仲と称し、嘉永七年北庵と改めた。彦根藩士で、長野義言の古参門人。その「授業門人姓名録」によると、天保十二年十一月十八日入門、本姓源、諱尚之、号喜多廼舎とある。

(12)『長月日並乃記』については前掲注2参照。

(13)『長月日並乃記』は、彦根城博物館にも下巻が所蔵されている。ただしこれは「五葉藤文庫」の写本を写した資料である可能性が高い。なお、上巻は所在不明である。

(14) 千種有功と高畠式部との関係については前掲注2拙稿および拙稿「長野義言の文化的ネットワーク―伊勢の堀内広城との交流を中心に―」(『古典と歴史』第十一号、二〇二二年)参照。

(15) 孝明天皇即位礼を義言が拝観した様子については前掲注2拙稿を参照。

(16) 前掲注13で示した通り、『長月日並乃記』上巻は所在不明であり、その内容を窺い知ることはできない。よって、『長月日並乃記』上巻にて、京都へ着くまでの道中を記している可能性は否定できない。

書評

荊木美行著『日本書紀の成立と史料性』

京泉勇平

はじめに

皇學館大学研究開発推進センター教授の荊木美行氏（以下、「著者」と称する）が、『日本書紀の成立と史料性』と題する論文集を上梓された（以下、「本書」と称する）。近年、『日本書紀』の成立や記事の信憑性について積極的に発言してこられた著者が、比較的最近発表した論文を中心にまとめたられたのが本書である。このたびの著者の論文集には重要な問題提起も少なからずふくまれており、評者も強い関心をもって読了した。評者は、本書の紹介者としてはかならずしも適切だとは思わないが、「古典と歴史」の会編集委員会の依頼を受け、ここにその内容を紹介するとともに、併せて若干の所感をのべることにしたい。

一、本書の概要と特色

はじめに、目次にしたがって、本書の構成を示しておきたい。

附論三　『日本書紀』のテキストと注釈書―明治以降を中心に―

あとがき

索引

なお、念のため、初出書誌も併せて示しておくと、つぎのとおりである。

第Ⅰ部

第一章　『季刊邪馬台国』第一三八号（令和二年七月）原題「日本書紀とはなにか」

第二章　『豊中歴史同好会会誌　つどい』第四〇三号（令和三年十月）原題「消えた「系図一巻」と『日本書紀』の別巻」

第三章　『古典と歴史』第一〇号（令和三年八月）

第四章　『皇學館大学研究開発推進センター紀要』第八号（令和四年三月）

第五章　『古典と歴史』第一〇号（令和三年八月）

第Ⅱ部

第一章　『皇學館論叢』第五二巻第六号（令和元年十二月）

第二章　『萬葉集研究』第三十七冊（塙書房、平成二十九年十一月）

第三章　金子修一先生古稀記念論文集編集委員会編『東アジアにおける皇帝権力と国際秩序』（汲古書院、令和二年三月）

第四章　拙著『続・『播磨国風土記』の史的研究』（燃焼社、令和三年八月）

附論

附論一　『瑞垣』第二四八号（神宮司廳、令和二年一月）
附論二　『古典と歴史』第一号（「古典と歴史」の会、平成三十年十月）
附論三　『皇學館大学紀要』五六（皇學館大学、平成三十年三月）

これをみればおわかりのように、本書収録の諸論文は、すでに雑誌などに発表されたもので、それら十二篇を適宜類聚し、三部に編成している。第Ⅰ部は、表題のとおり、『日本書紀』の成立に関する論文を中心としており、第Ⅱ部は『日本書紀』の記事の信憑性や史料性を検討した諸論文で構成されており、崇神天皇紀から景行天皇紀にかけての重要な記事を取り上げている。また、附論は、神宮の成立に関する論文二篇と文献目録一篇とからなるが、二篇の論文は第Ⅱ部に関係の深いもので、そちらに収めても不都合ではないが、神宮の成立に関するものとして別途附論で扱ったのであろう。

いずれも著者の学風が遺憾なく発揮された、重厚な論文で、論評は一篇だけでも容易でないが、以下、論文の排列にしたがって、十二篇すべてについて内容の紹介とコメントを記すことにする。

二、『日本書紀』成立論

第Ⅰ部には、『日本書紀』の成立や書物としての性格を論じた論文を中心に構成されているが、最初の第一章「『日本書紀』の成立」は、同書について成立・編者などを総括的に論じたものである。著者によれば、天武天皇が最初に着手したのはのちの『古事記』に結びつく帝紀・旧辞の討覈で、これがやがて天武天皇十年の記定事業に発展し、『日本書紀』の編纂が始まったという。天武天皇十年の記定事業が『日本書紀』編纂の開始であることは動かないにしても、『古事記』序にみえる天武天皇と稗田阿礼による帝紀・旧辞の確定作業との関係は依然として明確でない。著者の考えは坂本太郎氏のそれに近く、穏当な假説ではあるが、やはり確証に乏しい。

ちなみに、本章において、著者がこれまでの自説を修正しておられる点があることには興味を惹く。すなわち、著者は、『続日本紀』養老四年（七二〇）五月二十一日条の「修日本紀」「紀卅巻」「系図一巻」については検討していく過程で、「紀卅巻」すなわち、『日本書紀』三十巻と「系図一巻」とは別の書物であって、「修日本紀」の日本紀とは国史一般の意味にほかならないとされたのである。この点については第三章の紹介で更めてふれるが、そうした学説の変更には留意すべきである。

つぎの第二章「「系図一巻」と「別巻」をめぐって」は、『続日本紀』養老四年五月条の『日本書紀』の撰上記事にみえる「系図一巻」と雄略天皇紀二十二年条に記された「別巻」が、それぞれいかなるものかを考察したものである。

「系図一巻」が単なる皇室系図ではなく、歴代天皇の御名・宮の所在・崩年（崩算）・山陵の所在、さらには治世の重要事項などの情報も盛り込んだものであったとみるのは、著者の年来の主張である。「系図一巻」は現存しないだけに、その内容には不明な点が多いが、著者の推測には妥当性がある。最近でも、上野利三氏が吉田家旧蔵の「帝王系図」を紹介され、「系図一巻」との関連性を指摘するなど、この問題については研究が活発だが、各地の文庫や図書館が所蔵する「帝王系図」を分析することは、この方面の研究の進展に繋がるのではあるまいか。

つぎに、著者は、「系図一巻」と併せて『日本書紀』の「別巻」についても言及しておられる。著者は、これを天武天皇十年条にみえる「善言」にあてる青木和夫氏の説を批判し、『日本書紀』編纂の過程で出た残材（没原稿）や編纂に用いられた原材料のたぐいであるとしている。「別巻」に『釈日本紀』所引の浦島伝説が記されていたことは確実であろうが、はたしてそれのみであったか、あるいは他の資料をもふくむのかは判断がむつかしい。しかしながら、『日本書紀』が完成したあとに残った厖大な資料の行方について考えた点は、斬新な視点として評価できる。

第三章「〝日本書紀〟とはなにか」は、『続日本紀』養老四年五月条に「先レ是。一品舎人親王奉レ勅。修二日本紀一。至レ是功成奏上。紀卅巻。系図一巻」とみえる「日本紀」と「紀卅巻」「系図一巻」との関係について分析したものので、直接には塚口義信氏の新説の是非を検討したものである。塚口氏は、ここにいう「日本紀」とは「紀（『日本書紀』）卅巻」と「系図一巻」の総称であって、「日本紀」と「日本書紀」は別箇の名称であるとする説を発表されたが、これに対し、著者は、養老四年五月条の「日本紀」は国史一般の意味であり、『続紀』編者は、『日本書紀』三十巻と「系図一巻」とを併せてそう称しただけで、これは二つを併せた書名ではないとされている。これは、これまで賛否を聞くことはなかった塚口説に対する批判である。とくに、『弘仁私記』序の「更撰二此日本書紀三十巻并帝王系図一巻一」という記述のほうが、『日本書紀』撰上のことを伝えた史料としては『続紀』より正確な記述であり、ここには「修日本紀」という表現がないことを指摘した点は、塚口説に不利に働くであろう。

もっとも、著者にしても塚口氏にしても、『日本書紀』三十巻と「系図一巻」とが別の書物であるとする点では見解が一致しており、評者からみると、両者の間にはそれほど懸隔があるわけではない。ちなみに、著者は、これまでも、『日本書紀』三十巻と「系図一巻」とは一体のものだが、早い時期に両者は別の書物として認識されていたことを主張してこられたが、塚口氏の新説を検討する過程で、「系図一巻」は撰上当時から『日本書紀』とは別物であったという考えに改めておられる。著者の見通しが正しければ、「『日本書紀』には完成当時、現存しない「系図一巻」が附属した」などという表現は適切でないということになる。

第四章「日本書紀研究小史」は、浦野綾子氏との共著だが、同氏に許可を得て本書に収録されたものである。『日本書紀』が完成直後からどのように読み継がれてきたかを手際よく紹介したもので、「小史」といいながら周到な研究史の紹介である。紹介が前後するが、附論三の「『日本書紀』のテキストと注釈書―明治以降を中心に―」は、明治以降の『日本書紀』のテキストや注釈の歴史を文献リストの形で示したもので、本章の記述を補完する役割を果たしている。また、本書には収録されなかったが、著者には「『日本書紀』註釈の歴史」(『神社本廳總合研究所紀要』二七、令和四年六月)という、江戸時代までの『日本書紀』研究の歩みを詳しく紹介した論考もあるので、参照されたい。

最後の第五章「粕谷興紀先生の日本書紀研究」は、粕谷興紀氏の『日本書紀』研究の意義について、同氏の論文を網羅する形で整理したもので、近年著者が編輯した『粕谷興紀日本書紀論集』(燃焼社、令和三年八月)の「解説」に相当するものである。粕谷氏の研究の紹介も簡にして要を得ており、その評価も穏当である。

三、ヤマトタケルノミコトと大碓命

つぎに、第Ⅱ部の各論について紹介しておく。さきにも少しふれたように、ここでは『日本書紀』のおもに崇神天皇紀から景行天皇紀の重要記事の信憑性を検討し、そこから資料としての『日本書紀』の価値について論じた三篇の論考を収録している。最初の第一章「「四道将軍伝承」再論」は、古墳研究の成果を積極的に吸収しつつ、崇神天皇記や崇神天皇紀にみえる四道将軍伝承の史実性について、積極的に論じておられる。著者は、丹後や吉備地方における巨大前方後円墳の存在から、四世紀代におけるこれら地域ヤマト政権の密接な関係を指摘し、記紀にみえる四道将軍伝承のような、王族将軍によるヤマト政権の地方進出が実際にあった可能性を示唆しておられる。

つぎの第二章「景行天皇朝の征討伝承をめぐって」・第三章「景行天皇の西征伝承と豊地方」は併せて取り上げるべき論考である。これら二篇において、著者は、景行天皇記・景行天皇紀にみえるヤマトタケルノミコトの東征・西征伝承について、東海地方や九州南部の古墳の分布を参考に、その史実性を指摘されている。叮嚀な論証と堅実な論の展開は説得力があるが、とくにヤマトタケルノミコトの西征伝承は東征のそれにくらべて遅れて語られるようになつたもので、史実性に乏しいとする点は斬新な提説だと思う。

最後の第四章「大碓命伝承の虚と実―美濃への分封伝承を中心に―」は、ヤマトタケルノミコト伝承ともかかわりの深い彼の兄にあたる大碓命にかかわる記紀の伝承に関する史料批判を中心とする。著者は、大碓命がヤマトタケルノミコトにくらべて意気地のない、まことに不甲斐ない人物として描かれる点について、ヤマトタケルノミコトを英雄視するあまり、いたずらに兄の大碓命を貶めたもので信用できないとし、大碓命伝承でたしかなのは彼が美濃に分封された王族であったという点だけであると指摘される。そして、岐阜県大垣市にある昼飯大塚古墳の被葬者こそ大碓命的王族の墓だと推測しておられる。昼飯大塚古墳については近年発掘調査が進み、詳細な報告書や研究書も刊行されているが、大碓命との関係を指摘したものは、中司照世氏のシンポジウムでの発言を除けば皆無だっただけに、新鮮である。著者の新説に対しては考古学者の積極的な発言を聴きたいと思うのは評者だけではあるまい。

四、内宮・外宮の創祀をめぐって

さて、最後になったが、附論の三篇についても取り上げたい。

附論一・二の二篇はいずれも神宮の創祀を論じたものである。まず、附論一「『日本書紀』と伊勢の神宮―御鎮座の実年代をめぐって―」は、副題にもあるように、垂仁天皇紀にみえる天照大神の伊勢鎮座の実年代について、諸説を検討したものである。内宮鎮座の時期については、『古事記』や『住吉大社神代記』にみえる崩年干支から、西暦三〇〇年前後とする説があるが、筆者は、崩年干支は信がおけないとして、これに依拠した年代観を排除するとともに、あらたな角度からこの問題に取り組んでおられる。すなわち、著者は、垂仁天皇の陵墓伝承に注目し、記紀に「菅原伏見陵」などとみえる同天皇の陵墓が現存する宝来山古墳に比定されることを指摘し、埴輪の編年研究の成果に拠りながら、その築造年代を四世紀中葉から後半にかけてのこととされる。そして、垂仁天皇的大王の実年代をそのように想定することが可能ならば、天照大神の伊勢鎮座もおなじころのことと考えてよいとするのが、著者の見立てである。

廣瀬覚氏らによる円筒埴輪の編年研究の最新の成果を参酌した、著者の推論には説得力があるが、垂仁天皇的大王の実年代はそれでよいとして、問題は垂仁天皇紀に記された天照大神の伊勢鎮座の伝承そのものがどこまで信用できるのかという点である。著者の研究はその信憑性自体を証明するものではないので、今後もこの点に関する議論は続きそうである。

附論二「豊受大神宮の鎮座とその伝承」は、雄略天皇朝に豊受大神が丹波から伊勢に遷座したとする所伝について論じたものである。著者によれば、のちの度会氏は豊受大神を奉斎し丹波から伊勢に移住してきた集団であり、丹波の地域政権が天照大神に食事を供する御饌神として豊受大神を差し出したのは、この地の政治集団がはやくからヤマト政権と深く結びついていたことと関係があるという。いわれてみれば、度会氏が自身の奉斎する豊受大神とともに丹波からきたとするのはきわめて自然な発想だが、なぜか、これを唱える研究者はこれまでほとんどなかった。著者の新説には、なぜ豊受大神の遷座が雄略天皇朝だったのかという点については、説明がじゅうぶんでないが、われわれとしては著者の提言を虚心に検討する必要があると思う。

附論最後の「『日本書紀』のテキストと注釈書—明治以降を中心に—」についてはさきにもふれたので、繰り返しは避けるが、明治以降の日本書紀研究の歩みをテキストと注釈書刊行の歴史を辿ることによって示そうとした労作で、『日本書紀』のテキストと注釈書を、全巻のそれと、歌謡のそれとに分けて網羅したもので、詳細を極める。『日本書紀』の注釈書としては、神野志隆光他『新釈全訳 日本書紀』上巻（巻第一～巻第七）（講談社、令和三年三月）が最新のものとして注目される。ただし、続刊が未刊なので、本書のリストからは省かれたようである。

おわりに

以上、本書の概要を紹介しつつ、併せて各章に対する所感の一端をのべてきたが、紙数の制限から、記述が簡略に流れたことをお詫びしたい。評者の菲才から、本書の真価をどれだけ伝えることができたかはいささか心許ない点もあるが、この書評によって、いくばくかでも本書刊行の意義を読者にお伝えすることができれば幸いである。

令和二年が『日本書紀』撰上千三百年の記念の年にあたることから、このころを境に『日本書紀』に関する書籍や研究書が相次いで出版されたことは、記憶に新しい。『日本書紀』の研究が隆盛を極めることは悦ばしく、本書の出版もまことに時宜を得た企画であった。とりわけ、本書が『日本書紀』の関する基本的な問題を取り扱った論考を中心に構成されているだけに、記紀研究に取り組む国史・国文学の研究者にとっては、大きな福音といえよう。評者も、本書に示された、新たな視座によって蒙を啓かれた点が少なくないのであって、本書の出版を慶ぶとともに、多くの人々に本書が活用されることを期待したい。

（Ａ５判総三百八十頁、本体価格四八〇〇円、燃焼社刊、令和四年七月）

【編集後記】

『古典と歴史』12をお届けします。11号の発行から一年がたちましたが、おかげさまで無事刊行の運びとなりました。若手に大いに腕を振るってもらおうと始めたこの雑誌ですが、少しは後進の育成に寄与できているでしょうか▼若手の指導では、こうして成果発表の場を設けることも大切ですが、人格面もふくめた教育となると、苦労も少なくありません。それでも、指導はまだなんとかなります。それより大変なのが有望な新人の発掘です。四十年近い大学での在勤期間には、人事のまつわる失敗を何度か経験しました。それほど、ひとを採るということは簡単ではないのです。助手や助教を採る際に予測が困難なのが、将来にわたってどれだけ伸びしろがあるかという点です。現在は任期制ですから、駄目なら雇止めという手もありますが、昔はひとたび採用してしまうと、どんなポンコツでも雇い続けるしかありませんでした▼以前勤めていた大学の理事長が「出来の悪いのを採れば、四十年の不作」と、口癖のようにおっしゃっていましたが、たしかにそのとおりです。過去には、卒論や修論の出来がよかっただけで、教授に認められそのまま大学に残った人もいました。しかし、四十歳を過ぎるころにはまったく振るわず、教授への昇格の際に調べてみると、助教授時代に一本しか論文を書いていなかったという人も知っています。「苗にして秀でざる者あり。秀でて実らざる者あり」とはよく言ったものです▼ただ、二十代の姿をみただけで、将来どれだけ花が咲くのかを見極めるのは容易なことではありません。これはプロ野球の選手をみれば、歴然です。ドラ一でも鳴かず飛ばずの選手もいますし、活躍中の山本由伸選手や佐野恵太選手のように、三廻目までならどのチームにも採るチャンスのあった選手も珍しくありません▼平成二十四年の夏、甲子園で藤浪晋太郎選手や森友哉選手のプレーをみたことがあります。席がたまたまプロ野球のスカウトの集まる一角だったので、彼らがどれだけ厳しい目で選手を調査しているかを目の当たりにしました。しかし、それだけ吟味を重ねて獲得した選手でも「秀でて実らざる」ことがあるから、不思議です（藤浪・森選手は別ですが……）。それだけ、素質の見極めというのは大変なことなのでしょう。野球選手はともかく、研究者の場合、いちばん大事なのは「学問への情熱」がいつまで続くかという点にあると思います。ただ、そうした目にみえないものを見抜くことは、これまた至難の業です（笑）。

（荊木美行）

古典と歴史　12

令和五年十一月十日　発行

企画・編集　「古典と歴史」の会

発　行　者　藤波優

発　行　所　株式会社　燃焼社

〒五五八―〇〇四六

大阪市住吉区上住吉二丁目二番二九号

ＴＥＬ　〇六（六六一六）七四七九

ＦＡＸ　〇六（六六一六）七四八〇

e-メール　fujinami@nenshosha.co.jp

ISBN978-4-88978-161-8

ISBN978-4-88978-161-8
C3021 ¥1000E

燃焼社

定価（本体 1,000円+税）

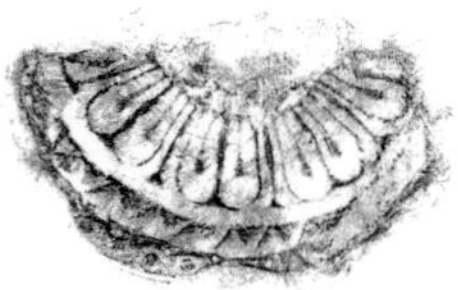

「古典と歴史」の会